Bernd Janssen

# Kreativer Politikunterricht

## Wider die Langeweile im schulischen Alltag

**Kleine Reihe · Politische Bildung · Didaktik und Methodik**

Herausgegeben von Gotthard Breit, Ursula Buch, Bernward Debus und Peter Massing

*Bernd Janssen*

# Kreativer Politikunterricht

## Wider die Langeweile im schulischen Alltag

WOCHEN
SCHAU
VERLAG

**Bibliografische Information der Deutschen Bibliothek**

Die Deutsche Bibliothek verzeichnet diese Publikation in der Deutschen Nationalbibliografie; detaillierte bibliografische Daten sind im Internet über http://dnb.ddb.de abrufbar.



**www.wochenschau-verlag.de**



Titelgestaltung: Ohl Design
Gesamtherstellung: Wochenschau Verlag
ISBN 978-3-89974312-8

# Inhalt

Langweilig zu sein,
ist die ärgste Sünde des Unterrichts.

Herbart 1806

# 1. Kritik an der methodischen Monokultur im (Politik-)Unterricht

Nach wie vor dominieren im Politikunterricht die traditionellen Formen der Auseinandersetzung mit politischen Themen: Der Lehrer erschließt im gelenkten Gespräch eine Quelle – z.B. einen Zeitungsartikel oder einen Sachtext –, wesentliche Inhaltspunkte werden an der Tafel festgehalten und abgeschrieben, zeitweilig bietet der Lehrer mit einem Kurzvortrag oder anderen Medien ergänzende Hintergrundinformationen, häufig schließt die Stunde mit einer kurzen Diskussion, in der die Schüler zur Stellungnahme herausgefordert werden. Kritisch spiegelt sich dieser gängige Unterrichtsverlauf in den Worten eines Schülers der 9. Klasse eines Gymnasiums wider: „Texte lesen, sich darüber unterhalten, aufschreiben. Neue Texte lesen, sich wieder darüber unterhalten, aufschreiben, fertig." (zit. nach Massing 1998, 6)

*Armut an methodischer Phantasie*

Frage ich Studenten an der Universität Hannover – angehende Politiklehrer –, wie man eine politisch interessante Quelle im Politikunterricht behandeln kann, höre ich Jahr für Jahr die gleichen Antworten: die Quelle lesen, Verständnisfragen stellen, den Inhalt wiedergeben lassen, die Schüler zu Meinungsäußerungen herausfordern. Wenn ich Glück habe, wird vereinzelt noch der Vorschlag Rollenspiel eingebracht. Und damit ist der Horizont der methodischen Phantasie definitiv erschöpft.

Aber den Studenten ist kein Vorwurf zu machen. Sie können sich nicht anders äußern, weil sie in ihrer eigenen Schulzeit in der Regel nichts anderes erlebt haben. Trotz aller reformpädagogischen Bemühungen und der andauernden erziehungswissenschaftlichen Schulkritik ist die schulische

Unterrichtsmethodik – nicht nur im Fach Politik – charakterisiert durch:

- ein hohes Maß an Lehrerlenkung, verbunden mit einer ungebrochenen Dominanz des Frontalunterrichts;
- eine Verkopfung des Unterrichts, das heißt, die Schüler haben zu lernen, ihre Körper stillzustellen;
- eine Zentrierung auf kognitive Lernprozesse, die die Aufnahme und Wiedergabe von Wissenselementen in den Mittelpunkt rücken.

Verschiedene Studien (vgl. Meyer1987, 60 f.) belegen diese „methodische Monostruktur des Unterrichts" (Hage u.a. 1985, 147). Um Missverständnissen vorzubeugen: nichts spricht gegen einen guten Frontalunterricht, lehrergelenkte Gespräche, die Vermittlung von Fachwissen usw. Aber zum Problem wird die traditionelle Unterrichtsmethodik, weil sie die genannten Unterrichtsformen unausgewogen bevorzugt und alle anderen Varianten einer vielseitigen methodischen Unterrichtskultur krass vernachlässigt. Insofern lautet die konstruktive Kritik an der methodischen Monokultur im Politikunterricht:

- Der alltägliche Politikunterricht bietet zu selten Phasen, in denen sich Schüler spielerisch-sinnlich mit einem Thema auseinander setzen können.
- Der rezeptiven Ausrichtung auf Wissensvermittlung fehlt die Verschränkung mit Lernprozessen, die produktorientiert sind, in denen die Schüler kreativ-gestaltend tätig werden können.

Die Folge dieser einseitigen methodischen Grundorientierung ist, dass der Politikunterricht von Schülern und Lehrern häufig als monoton und langweilig empfunden wird, ganz zu schweigen davon, dass der politikdidaktisch wohlbegründete Anspruch selbstbestimmter Lernprozesse auf dieser methodischen Basis nicht einzulösen ist.

*Die Suche nach dem Fortschritt*

Lehrer wissen m.E. häufig um die methodisch einseitige Ausrichtung ihres Politikunterrichts, aber sie verfügen über kein methodisches Instrumentarium, um den alltäglichen Unterricht vielseitig, sinnlich und ganzheitlich zu gestalten. Zwar mag einmal pro Schuljahr eine Projektwoche stattfinden, in der Schüler z.B. ein politisches Planspiel realisieren oder zu einem politischen Thema Theaterszenen entwerfen und aufführen, aber die Sonntagspädagogik einer Projektwoche – deren Berechtigung unstrittig ist – verändert nicht den grauen Alltag des wöchentlich ein bis zwei Stunden umfassenden Politikunterrichts.

Insofern lautet die zentrale methodische Frage: Welche Möglichkeiten lassen sich finden, um den alltäglichen Politikunterricht abwechslungsreich, sinnlich, produktorientiert und schülernah zu gestalten? Ich habe ein Repertoire kreativer Methoden zusammengestellt, diese sollen in den folgenden Kapiteln vorgestellt werden und im Kapitel 4 im Rahmen von exemplarischen Stundenentwürfen zur konkreten und schlüssigen Anwendung gelangen.

*Realistisch und kreativ zugleich*

Ich habe nur solche methodischen Möglichkeiten aufgegriffen, die sich im Rahmen einer Einzel- oder Doppelstunde sinnvoll realisieren lassen, nur einen geringen Arbeitsaufwand in der Vorbereitung erfordern und an die Schüler bzw. Rahmenbedingungen des Unterrichts keine ungewöhnlichen Anforderungen stellen. Realistische Pädagogik bleibt auch auf diesem Gebiet meine Arbeitsmaxime.

Der Begriff Kreativität scheint mir ein geeigneter Leitbegriff zu sein, um meine Bemühungen zur Verbesserung der alltäglichen Unterrichtskultur auf den Punkt zu bringen. Die Einwände gegen den Modebegriff Kreativität sind mir bewusst. „Anders ist's beim Wort ‚Kreativität'. Es steckt noch voller Versprechungen. Jeder weiß es zu nutzen, keiner mag es entbehren, keiner kritisiert es. Es ist gleichermaßen beliebt bei Technikern und Umweltschützern, Wirtschaftsführern und Pädagogen, den schwarzen, roten, grünen und blaugelben Parteien […]. Die davon reden, sollten jedenfalls wissen, wie beschränkt die Möglichkeit ist, Kreativität zu mobilisieren, sie sollten wissen, wie ungeklärt Begriff und Tatbestand sind und wie ungedeckt die damit verbundenen Behauptungen und Forderungen." (von Hentig 1998, 10-11) Diese Mahnung zur Bescheidenheit nehme ich auf. Ich werde versuchen, den folgenden Text nüchtern, vorsichtig und präzise abzufassen.

# 2. Ein Plädoyer für kreative Methodik

Kreative Methodik ist keine Alternative zur traditionellen Methodik, sondern ihre sinnvolle Ergänzung.

„Der Begriff Kreativität stammt vom lateinischen Verb ‚creare' ab, was so viel wie ‚erschaffen' bedeutet." (George 1991, 54) Kreative Methodik ist der Versuch, methodische Möglichkeiten in der Auseinandersetzung mit Quellen zu systematisieren, Möglichkeiten, die die Schüler im Politikunterricht in eine erschaffende Rolle bringen.

*Defintion einer kreativen Politikstunde*

In der Regel rückt eine Politikstunde, die politisch bilden will, nur ein bis zwei Quellen in den Mittelpunkt der unterrichtlichen Situation. Von einer kreativen Politikstunde möchte ich sprechen, wenn es gelingt, die traditionellen Möglichkeiten der Wissensvermittlung bzw. der rationalen Analyse mit methodischen Varianten zu verschränken, die entweder spielerisch-gestaltenden Charakter oder kognitiv-produktive Qualität haben.

**Spielerisch-gestaltende Zugänge sind:**

- die Enträtselung einer Quelle,
- der Entwurf eines Standbildes,
- die Sprechmühle,
- das fiktive Interview,
- das Entscheidungsspiel,
- das Streitgespräch als Rollenspiel.

Bei diesen Varianten dominiert die spielerische Auseinandersetzung mit einer Quelle, das schöpferische Moment ist gegeben – ein Standbild oder ein fiktives Interview wird erschaffen –, und häufig werden die Schüler hier ganzheitlich gefordert, da sie in eine andere Rolle „schlüpfen" müssen. Insofern sind gerade diese Varianten – mit Ausnahme der Enträtselung einer Quelle – geeignet, der Verkopfung schulischer Lernprozesse deutlich entgegenzuwirken.

**Kognitiv-produktive Zugänge sind:**

- Entwurf einer Spinnweb-Analyse,
- Ich-Texte,
- Perspektivenwechsel: eine Quelle aus einer anderen Sicht neu entwerfen,
- das Schülerinterview,
- eine Quelle formal neu gestalten,
- die Phantasiereise.

Bei diesen schöpferischen Varianten geht es nicht um rezeptive Wissensvermittlung, sondern um die intellektuelle – ggf. auch ästhetische – Herausforderung, eine Bild- oder Textquelle grundlegend zu verändern oder sinnvoll zu ergänzen.

Dieses Selbstverständnis einer kreativen politischen Bildung wirft auch die Frage nach seiner Legitimation auf.

*Zur Legitimation*

Die Verschränkung der benannten methodischen Ebenen führt zwangsläufig zu einer vielseitigen und gründlichen Auseinandersetzung mit jenen Quellen, die im Rahmen von Einzel- oder Doppelstunden in den Mittelpunkt der unterrichtlichen Arbeit rücken. Der generell richtige didaktische Grundsatz „Bildung braucht Tiefe" wird damit einlösbar. Zugleich erleben die Lernenden einen solchen Unterricht als interessanter, weil abwechslungsreicher. Er wird durch die Anwendung der spielerisch-gestaltenden Zugänge an sinnlicher Qualität gewinnen. Generell wird er durch den Einsatz der kreativen Methoden schöpferisch akzentuiert, die Schüler sind aktiv und produktiv gefordert, folglich mindert sich auch das unerwünschte Übermaß an Lehrerlenkung. Zugleich haben in diesem Unterricht mehr Schüler mehr Erfolgserlebnisse, da die Anforderungen an sie auf verschiedenen Ebenen liegen und damit die unterschiedlichen Fähigkeiten, die in einer jeden Klasse präsent sind, besser genutzt werden.

*Mehr Erfolgserlebnisse für mehr Schüler*

Eine „meiner" Studentinnen hat im Rahmen ihrer Examensarbeit sechs Politikstunden für eine 9. Gymnasialklasse entworfen, realisiert und dokumentiert. Jeder Stundenentwurf war dadurch charakterisiert, dass mindestens zwei Varianten einer kreativen Methodik zur Anwendung kamen. Am Ende befragte sie anonym die Schüler unter der Aufgabenstellung:

„Schreibt bitte kurz eure Meinung zu diesem Unterrichtsprojekt auf. Geht darauf ein, was euch gut gefallen bzw. missfallen hat. Überraschenderweise äußerten sich die Schüler ausnahmslos positiv über das Projekt. Die Schüler kommentierten den erlebten Unterricht mit Worten wie: interessant, abwechslungsreich, kreativ, lustig, nicht so trocken, hat Spaß gemacht." (Gertz 1998, 97-98)

Inzwischen wurde diese Sicht durch weitere Examensarbeiten und schulische Praktika bestätigt. Auch bestärken mich vielfältige Erfahrungen in der Lehrerfortbildung in meiner optimistischen Sicht, dass sich durch eine schrittweise Integration kreativer Unterrichtsmethoden die alltägliche Unterrichtskultur nachhaltig verbessern lässt. Mittlerweile kann ich mit zahlreichen erprobten Stundenentwürfen belegen, dass kreative Unterrichtsmethoden abwechslungsreiche, fachlich intensive und die Schüler aktivierende Lernprozesse ermöglichen, nicht nur im Politikunterricht, sondern auch in den Fächern Deutsch, Religion, Geschichte und Sachunterricht (vgl. Janssen 2005).

# 3. Kreative Methoden im Überblick

## Vier ermutigende Äußerungen vorweg:

*Licht und Schatten*

- Für die Unterrichtsvorbereitung ergibt sich kein wesentlicher Mehraufwand, wenn das Repertoire einer kreativen Methodik genutzt wird.
- Bei unzähligen politischen Themen bzw. Quellen lassen sich kreative Methoden problemlos anwenden und untereinander vielfältig sinnvoll kombinieren.
- Gerade bei Klassen, die – aus welchen Gründen auch immer – dem Politikunterricht wenig Interesse entgegenbringen, kann die kreative Methodik neue Motivation erschließen.
- Ein lebendiger Unterricht, viele aktive Schüler und ein gutes Lernklima gehören zu den realistischen Perspektiven eines kreativen Politikunterrichts.

## Drei Warnungen vorweg:

- In der Regel sind die hier aufgeführten Methoden einer Klasse unbekannt. Folglich können sie nur behutsam und Schritt für Schritt eingeführt werden.
- Auch wenn die Klasse mit den Möglichkeiten einer kreativen Methodik vertraut ist, dürfen diese nicht überdosiert werden. Es wäre fatal, jede Woche ein Standbild zu praktizieren oder jede zweite Quelle verrätselt in den Unterricht einzubringen. Das methodisch Besondere sollte nicht zur alltäglichen Routine werden.
- Kreative methodische Varianten können im pädagogischen Alltag – wie jeder methodische Ansatz – scheitern. Hier hilft nur Geduld, eine sorgfältige Analyse des Scheiterns, der Mut zur Wiederholung unter pädagogisch reflektierten Bedingungen.

## Die Enträtselung einer Quelle

*Spielerisch gestaltete Zugänge*

Bei dieser Methode wird eine Text- oder Bildquelle so verändert, dass sie für Schüler zu einem Rätsel wird.

Eine Bildquelle kann verrätselt werden, indem einzelne Elemente des Bildes entfernt bzw. unkenntlich gemacht werden oder die Anordnung verändert oder Falsches hinzugefügt wird. So kann es z.B. reizvoll sein, bei einem Comic die Bildfolge zu verändern oder bei einer politischen Karikatur die Textelemente zu verfälschen oder wegzulassen.

Die Vorgehensweise bei der Verrätselung von Textquellen ist ähnlich. Es können einzelne Worte, Teile des Textes, die Überschrift oder die Autorenangaben verändert oder weggelassen werden. So ist es z.B. denkbar, eine Stellungnahme, die der DGB verfasst hat, dem Präsidenten der Deutschen Arbeitgeberverbände zuzuschreiben, einen historischen Text von Ludwig Erhard als Teil einer Regierungserklärung aus dem Jahr 2005 zu präsentieren, Widersprüche oder Falschaussagen in einen fortlaufenden Sachtext zu montieren, die Botschaft der Überschrift in ihr Gegenteil zu verkehren, Zeilen eines Gedichts falsch anzuordnen, bei einer politischen Stellungnahme bestimmte Schlüsselbegriffe wegzulassen usw. Reizvoll ist auch die Variante, ein Zitat oder einen ganzen Text als Wort- bzw. Satzpuzzle zu präsentieren.

Die verrätselte Quelle fordert die Schüler doppelt. Zunächst muss bemerkt werden, dass die Quelle fehlerhaft ist. Soweit ich mit der Puzzle-Variante, Lücken oder Weglassen arbeite, wird die Veränderung der Quelle umgehend wahrgenommen. Soweit ich mit Fälschungen operiere, kann es für die Schüler sehr schwer werden, die Verfremdung zu bemerken. Ist die Situation gegeben, entsteht die Herausforderung, das Rätsel durch eine selbständige geistige Leistung zu entschlüsseln. Jetzt sind die Schüler gefordert, sich in die Quelle bzw. ihren Autor hineinzudenken, um Widersprüche, Lücken, Fehler aufzuspüren und das Richtige zu phantasieren. Es entsteht leicht eine spielerische Wettkampfsituation, ein Wettrennen in dem Bemühen, als erster die Lösung des Problems zu präsentieren. Intensive Auseinandersetzung mit der Quelle, intellektuelle Anstrengung, Aktivierung von Phantasie, spielerisches Lernen und Spaß am Lernen fallen hier zusammen. Wird abschließend die Originalquelle in den Unterricht eingeführt, ist für das Verständnis und die Beurteilung dieser Quelle bereits Wesentliches erbracht.

*Vielfalt des Lernens*

Implizit wird auch das kritische Hinterfragen von Quellen trainiert. Gedrucktes muss nicht wahr sein! Von dieser Erkenntnis ist der Schritt nicht weit zu der Einsicht, dass auch den Botschaften der Medien mit kritischer Distanz zu begegnen ist.

## Der Entwurf eines Standbildes

Eine Quelle kann eine bestimmte soziale Situation zum Thema haben: ein Foto zeigt einen Alkoholiker vor einem Berg leerer Flaschen, ein Zeitungsartikel schildert den Überfall auf einen Obdachlosen, ein Comic thematisiert die sexuelle Belästigung einer Frau im Büro ihres männlichen Kollegen usw.

Die Quelle fordert die Schüler auf, sich in die Situation und die Beteiligten einzufühlen, um das Verhalten, die Motive der Beteiligten und das Leiden der Opfer verstehen zu können. In dieser Phase kann der Einsatz eines Standbildes sehr hilfreich sein.

*Lernziel Empathie*

Diese Methode eröffnet viele Chancen, wenn eine Gruppe – in Ausnahmefällen das Plenum insgesamt – die Aufgabe Standbild übernimmt, auf die Rolle des Regisseurs ausdrücklich verzichtet wird, stattdessen alle in der Gruppe ihr Standbild gemeinsam phantasieren und diskutieren, freiwillig Mitspielende auswählen und ihren Entwurf einer phantasierten sozialen Situation – zunächst nur in der Gruppe – mit den Mitteln Körperhaltung, Gestik und Mimik gestalten. Häufig sind symbolische Elemente hilfreich: verschränkte Hände können einen trennende Wand symbolisieren, ein abgewandter Blick kann ein schlechtes Gewissen andeuten ...

Das von der Gruppe produzierte Standbild sollte zum geeigneten Zeitpunkt auf einer Freifläche im Klassenraum schweigend aufgebaut werden. „Man könnte sagen, das Standbild ist ein wortloses Rollenspiel, das sich in einem einzigen Bild manifestiert. Die Kunst besteht darin, dieses Bild eindringlich und damit aussagekräftig zu gestalten." (Janssen 2005, 39) Wenn es die Raumsituation zulässt, dass die anderen Schüler um das Standbild herumgehen können, wäre das für die jetzt anstehende Reflexion hilfreich. Zunächst sollten die Schüler beschreiben, was sie sehen und versuchen, das Bild zu deuten. Anschließend sollte ein Gruppenmitglied, das möglichst nicht Teil des Standbildes ist, erklären, was die Gruppe wie darstellen wollte. Die Gesprächsphase muss allerdings zügig gestaltet werden, da sich das Standbild höchstens einige Minuten konzentriert aufrechterhalten lässt. Nach der Bildauflösung kann es reizvoll sein, die Personen des Standbilds zu befragen, wie sie ihre jeweilige Rolle im Bild erlebt haben.

Zur didaktischen Gewichtung dieser Variante will ich noch drei Anmerkungen formulieren:

- Die verbale Stille in der Phase der Standbildpräsentation schafft einen wohltuenden Kontrast zum vorherrschenden Verbalismus im Schulalltag.
- Das Standbild kann in spielerisch-sinnlicher Form einen nachhaltigen Einstieg in die Deutung und Reflexion einer Quelle ermöglichen.
- Insbesondere ist die methodische Variante „Standbild" geeignet, Lernziele bzw. Erziehungsziele wie Empathie, Fähigkeit zum Mitleid, Solidarität zu fördern.

## Die Sprechmühle

*Der Weg, der jede Klasse zum Sprechen bringt*

Die Sprechmühle ist eine methodische Variante, die das Kennenlernen der Schüler untereinander fördert und themenbezogen zugleich einen ersten Austausch von Deutungen und Meinungen ermöglicht. Voraussetzung für den Einsatz dieser Methode im Politikunterricht ist, dass die Schüler durch Fragen, die in die Sprechmühle eingegeben werden, nicht überfordert werden. Insbesondere eignet sich diese methodische Variante als Einstieg, aber sie kann auch zur Ergebnissicherung eingesetzt werden. Sie erfordert ungefähr 15-20 Minuten.

Der Lehrer muss sich vor Unterrichtsbeginn drei bis vier hinreichend offene Fragen zu einer Quelle bzw. zu einem Thema überlegen und einen Kassettenrecorder mit geeigneter Musik in den Unterricht mitnehmen. Die ausgewählte Quelle wird zu Stundenbeginn gelesen, aber in der Regel allenfalls kurz zum Gegenstand eines lehrergelenkten Gesprächs. In der Mitte des Klassenraums wird eine Freifläche geschaffen. Der Lehrer erklärt den Ablauf: Alle sollen, während die Musik spielt, auf der Freifläche umherschlendern wie auf einem Marktplatz. Sobald die Musik stoppt, wendet sich jeder einem Partner zu, der gerade in der Nähe steht. Dann wird durch eine vorgegebene Bedingung bestimmt, wer Partner A und wer Partner B ist. (Partner A ist z.B. derjenige, der gestern später zu Bett gegangen ist.) Danach stellt der Lehrer z.B. eine Deutungsfrage zur Quelle oder zum Thema, und der Partner A hat ein bis zwei Minuten Zeit, seinem Gegenüber zu antworten. „Danach wechseln nach einem Signal des Spielleiters die Positionen, und der Partner B ist derjenige, der redet. Der jeweils Zuhörende übt aktives Zuhören, er unterbricht den Redenden nicht und stellt keine problematisierenden und keine Verständnisfragen. Nach etwa ein bis zwei Minuten setzt die Musik wieder ein, das Umherschlendern beginnt wieder, wird nach einiger Zeit unterbrochen, und der oben beschriebene Ablauf fängt erneut an [...].

Wir haben noch nie erlebt, dass eine Lerngruppe sich geweigert hätte mitzumachen, was ja auch angesichts der geringen Zumutbarkeitsrate nicht zu erwarten ist.“ (Greving/Paradies 1996, 163-164) Man kann die Methode dahingehend abwandeln, dass man auf die Unterteilung in A und B verzichtet und nur mehrere Aufgaben nacheinander in wechselnden Zweiergruppen besprechen lässt.

Vorab ist zu entscheiden, wie die wesentlichen Ergebnisse der Sprechmühle für den weiteren Lernprozess fruchtbar gemacht werden können. Wenn die letzte Frage bilanzierenden Charakter hat, könnte die Zweiergruppe, die sich im letzten Durchgang gefunden hat, aufgefordert werden, ihre Ergebnisse gemeinsam auf einer Karteikarte zu notieren. Die Karten können an die Wand geheftet und zur Grundlage der

Weiterarbeit werden. Häufig bietet es sich auch an, nach dem Ende der Sprechmühle die Fragen nacheinander im Plenum durchzusprechen.

Was ist das Besondere an der Variante „Sprechmühle"? Die Schüler bewegen sich, ihre Körpersprache ist gefordert, die Hintergrundmusik schafft eine besondere Atmosphäre, die Partnersuche ist ein gruppendynamischer Anreiz, alle (!) äußern sich, der Lehrer tritt in den Hintergrund, schulmüde Schüler erfahren einen neuen Motivationsschub, für die Weiterarbeit am konkreten Thema entsteht eine breite Palette von Schüleräußerungen.

## Das fiktive Interview

*Schüler übernehmen die Rolle eines kritischen Reporters*

Vielleicht täuscht mich mein Gedächtnis, aber ich glaube, die Methode „fiktives Interview" ist – als Gestaltungselement für den Politikunterricht – meine Erfindung. Das fiktive Interview ist ein Grenzfall zwischen den methodischen Möglichkeiten „Rollenspiel" und „Interview". Hier übernehmen die Schüler spielerisch die Reporterrolle, um den Autor, die Schlüsselperson(en) oder Randfigur(en) einer Quelle zu interviewen. So kann z.B. ein Text von Angela Merkel zu einem Interview mit ihr führen, das Foto eines Drogenabhängigen in ein fiktives Gespräch mit ihm umgesetzt werden, eine Reportage über den Lebensweg eines türkischen Jugendlichen durch ein gespieltes Interview mit seinen Eltern ergänzt werden.

Ausgangspunkt ist die konkrete Quelle. Ein fiktives Interview kann die Auseinandersetzung mit der Quelle ergänzen, vertiefen, neue Aspekte sichtbar machen, so dass der konkrete Horizont der Quelle überschritten wird, folglich auch ihr fragmentarischer Charakter deutlich wird. Gefordert sind Einfühlungsvermögen, kritisches Hinterfragen, verbale Hartnäckigkeit in der Reporterrolle, Leistungen der Phantasie, rollengerechte Körpersprache und Spontaneität. Manchmal fallen Reporter bzw. ihre Interviewpartner mimisch oder verbal kurzfristig aus der Rolle, es wird gelacht, dann kehren die Spieler wieder ernsthaft in ihre Rolle zurück. Warum sollte nicht auch im Politikunterricht von Zeit zu Zeit gelacht werden?

Das Ablaufschema lautet in der Regel – wie im klassischen Rollenspiel – „Vorbereitung – Aufführung – Reflexion".

*Ablaufschema*

Die Vorbereitung auf die Reporterrolle und die weitere(n) Rolle(n) kann im Plenum, über Rollenkarten und/oder Kleingruppen erfolgen. Für den Erfolg fiktiver Interviews ist es erforderlich, dass die Reporter über eine solide Basis an zentralen Fragen bzw. Gesprächsimpulsen verfügen. Mit der Vorgabe „Reporter" liegen die Rollenanforderungen fest: kritisch nachfragen, sich einfühlen, verbal hartnäckig sein. Wichtig ist, dass als Reporter Schüler gewählt werden, die über ein Mindestmaß an verbalem Geschick verfügen. Grundsätzlich ist es sinnvoll, diese Rolle doppelt zu besetzen, dann gerät ein fiktives Interview nicht so leicht ins Stocken.

Zur Aufführung des Interviews benötigt man ein wenig Platz, einige Requisiten können eingesetzt werden, sind aber nicht notwendig. In besonderen Fällen kann es reizvoll sein, das Interview mit einem Tonband aufzunehmen. Die Zuschauer können einen Beobachtungsauftrag erhalten, z.B. in Form der Frage: Wie realistisch äußern und verhalten sich die Beteiligten? Den richtigen Zeitpunkt zum Abbruch eines fiktiven Interviews muss der Lehrer bestimmen.

In der Reflexionsphase sollten primär die inhaltlichen Botschaften aufgegriffen werden. Zentral ist der Vergleich zwischen Fiktion und Realität und damit die Frage: Wie realistisch wurde gespielt? Für den Lehrer kann es deshalb hilfreich sein, sich während des Interviews bestimmte markante Äußerungen aufzuschreiben.

## Das Entscheidungsspiel

Quellen können zu einem Entscheidungsspiel führen, wenn die Ausgangssituation so strukturiert ist, dass eine Entscheidung unumgänglich ist. Beispiele: Ein Ehepaar will eine 3-Zimmer-Wohnung vermieten und muss sich zwischen drei Interessenten entscheiden. Der Jugendhilfeausschuss einer Gemeinde soll beschließen, wie die jährlichen Fördermittel von 7 500 € zu vergeben sind – es liegen jedoch Förderanträge in einer Gesamthöhe von 15 000 € vor.

Ein Entscheidungsspiel kann in einer oder in mehreren Szenen ablaufen. Bei dem Thema „Vermietung“ liegt es nahe, zunächst Gespräche mit den Bewerbern zu spielen, anschließend einen Dialog des Ehepaares mit der Vorgabe, sich zu entscheiden. Bei dem Thema „Kommunale Jugendförderung“ reicht es im Prinzip, die entscheidende Ausschusssitzung zu spielen, allerdings muss die Quellenlage die Förderanträge hinreichend transparent machen.

*Didaktische Hinweise*

Um in die Entscheidungssituation eine gewisse Dynamik zu bringen, sollten an ihr mindestens zwei Personen beteiligt sein. Es wäre also ein didaktischer Fehler, nur eine Person als Vermieter auftreten zu lassen. Auch sollten alle Bewerber um eine Wohnung bzw. alle Förderanträge für die Jugendarbeit möglichst in der Sache überzeugend und in der Form glaubwürdig gespielt werden bzw. formuliert sein, um die Findung einer „richtigen“ Entscheidung so schwer wie möglich zu machen.

Das Entscheidungsspiel hilft, die Entscheidungszwänge in der Politik, das Abwägen unterschiedlicher Interessen, die Vermischung von rationalen Argumenten, taktischer Polemik und Interessenlagen, das Ringen um die Setzung richtiger Prioritäten sinnlich erfahrbar zu machen.

*Das Denken in Alternativen wird gefördert*

Der Einsatz von Rollenkarten ist hilfreich, um das Entscheidungsspiel zügig und schlüssig vorzubereiten. Selbstverständlich dürfen die Rollenkarten die zu fällende Entscheidung nicht vorwegnehmen. Grundsätzlich kann in zwei Varianten gespielt werden: „Es kann von einer Teilgruppe im Plenum gespielt werden, während die Restgruppe zuschaut. Es kann in parallelen Kleingruppen gespielt werden, um dann die Ergebnisse zu vergleichen.“ (Gugel 1993, 257)

Die im Spiel getroffene(n) Entscheidung(en) fordert/fordern in der Regel immer dazu auf, in der Nachbesprechung Stellung zu nehmen und Entscheidungsalternativen zu diskutieren. Das Denken und Argumentieren in politischen Alternativen wird damit in der Reflexionsphase noch einmal nachhaltig gefordert und gefördert.

## Das Streitgespräch als Rollenspiel

Eine Quelle kann unterschiedliche Meinungen oder Standpunkte sichtbar machen oder provozieren. Kontrovers zu diskutieren, unterschiedliche politische Positionen miteinander zu konfrontieren, gehört zum Normalfall des politischen Unterrichts. Wie stehen wir zur Atomenergie? Was kann politisch gegen die Massenarbeitslosigkeit unternommen werden? Wie erklärt sich die steigende Gewaltbereitschaft in der Gesellschaft? Warum ist es so mühsam, die Gleichberechtigung der Frauen voranzutreiben? Zahlreiche Fragen, viele, sehr voneinander abweichende Antworten prägen die gesellschaftliche und politische Situation – sowohl auf der Ebene sozialwissenschaftlicher Erklärungen als auch bei der Suche nach den politisch erforderlichen Konsequenzen. Das in der Gesellschaft und Politik Kontroverse in der politischen Bildung kontrovers zu thematisieren, ist das Gebot einer demokratischen Unterrichtskultur, das Streitgespräch ihr adäquates Medium.

*Förderung einer demokratischen Unterrichtskultur*

Das Streitgespräch gewinnt an sinnlicher Qualität, wenn es als Rollenspiel kultiviert wird, das heißt, einige Schüler übernehmen vorgegebene Rollen. So kann z.B. eine Quelle über das Tempolimit auf deutschen Autobahnen zu einem Streitgespräch führen, bei dem einige Schüler die Automobilindustrie und den ADAC vertreten, während andere als Sprecher von Naturschutz- und Umweltverbänden auftreten. Selbstverständlich können auch politisch bedeutsame Alltagskonflikte – z.B. in den Themenbereichen Freizeit, Familie, Medien – als Streitgespräche inszeniert werden. Der Unterschied zum Entscheidungsspiel besteht darin, dass Streitgespräche nicht zwingend auf eine zu treffende Entscheidung festgelegt sind.

Bei vielen Themen ist es notwendig, die Rolle eines Gesprächsleiters einzuführen. Solange die Klasse in der Praxis spielerischer Streitgespräche ungeübt ist, sollte der Politiklehrer diese Rolle übernehmen. Es ist aber reizvoller, wenn der Lehrer nicht als Lehrer, sondern z.B. in der Rolle eines bekannten Politikers oder Fernsehjournalisten moderiert. „Wird für das

Streitgespräch ein fiktiver Rahmen gesetzt – z.B.: es findet in einem Fernsehstudio statt –, können alle, die keine konkrete Rolle übernommen haben, sich in die Rolle interessierter Bürgerinnen und Bürger begeben, folglich das Streitgespräch mit Zwischenrufen und Fragen beleben." (Janssen 2005, 45)

Der Dreischritt „Vorbereitung – Aufführung – Reflexion" gilt auch für diese Variante einer kreativen Methodik. Die Ausführungen, die in diesem Zusammenhang für das fiktive Interview und das Entscheidungsspiel formuliert wurden, können sinngemäß übertragen werden.

Zahlreiche Gemeinsamkeiten bestehen zwischen diesen methodischen Varianten auch hinsichtlich der Frage, was die Schüler lernen können:

- „Sie können lernen, ein tieferes Verständnis für die Rolle anderer und für die diese Rollen produzierenden sozialen und ökonomischen Verhältnisse zu entwickeln;
- sie können durch die konstruktive und kreative Ausfüllung der übernommenen Rolle neue Verhaltensmuster studieren ...
- sie haben die Gelegenheit, ihre Scheu abzulegen, sich vor anderen darzustellen;
- sie können das Rollenspiel [...] nutzen, um neu erarbeitetes Wissen in handlungsbezogenen Anwendungssituationen zu festigen und zu überprüfen." (Meyer 1987, 362)

## Entwurf einer Spinnweb-Analyse

*Kognitiv-produktive Zugänge*

Wenn eine Quelle einen konkreten Fall thematisiert – z.B. einen Überfall auf ein Flüchtlingswohnheim oder die Lebenssituation eines Arbeitslosen –, kann die Spinnweb-Analyse genutzt werden, um die Ursachen oder Folgen eines solchen Falls komplex auszudifferenzieren. Die Quelle bietet unter dem Aspekt „Ursachen" oder „Folgen" häufig nur einige Hinweise, so dass es intellektuell reizvoll sein kann, den Horizont der Quelle unter einer solchen Fragestellung zu überschreiten und die Schüler zur Produktion einer Spinnweb-Analyse herauszufordern.

In die Mitte eines großen Blattes Papier schreiben die Schüler eine Fragestellung oder finden diese vor, z.B.: Warum wurde das Flüchtlingswohnheim überfallen? Oder: Welche Folgen hat die Arbeitslosigkeit für Herrn A und seine Familie? Vorzugsweise in Kleingruppen suchen die Schüler nach den unmittelbaren Ursachen oder Folgen, gruppieren diese in Stichworten um die Ausgangsfrage und ziehen Verbindungslinien zwischen der Fragestellung und den gefundenen Stichworten. Im nächsten Schritt werden die Hintergründe der unmittelbaren Ursachen gesucht bzw. die Auswirkungen der Folgen. Wieder werden Stichworte notiert und mit Linien verbunden. Soweit die Gruppe der Auffassung ist, dass zwischen den gefundenen Stichworten auch Querverbindungen bestehen, werden auch diese eingezeichnet. Die Ursachen bzw. Folgen zweiter Ordnung können wieder in gleicher Weise hinterfragt werden. So entsteht allmählich ein graphisch gestaltetes Produkt, das im Idealfall dem Netz einer Spinne gleicht.*

*Das Gesellschaftsverständnis der Schüler*

Man kann sehr schnell von der Rezeption der Quelle zur Produktion einer Spinnweb-Analyse übergehen. Die Schülerprodukte fallen in der Regel sehr unterschiedlich aus, auch Vorurteile und falsche Sachaussagen fließen in solche Entwürfe ein. Positiv gesagt: die Spinnweb-Analyse macht deutlich, wie Schüler denken, wie differenziert ihr Gesellschaftsverständnis ist.

Sehr bedeutsam ist folglich die Phase der gemeinsamen Auswertung, um – insbesondere bei Ursachenanalysen – richtige Botschaften hervorzuheben und falsche argumentativ zu widerlegen. Hier ist die Sachkenntnis des Politiklehrers und seine geschickte Gesprächsführung gefordert. Im Idealfall entsteht zum Abschluss eine gemeinsame Spinnweb-Analyse, die alle sinnvollen Schülerbeiträge integriert. Falls einige Falschaus-

* In der Darstellung und Anwendung dieser Methode folge ich Günter Gugels Schrift „Praxis politischer Bildungsarbeit", auch hinsichtlich der Unterscheidung zwischen Spinnweb-Analyse und Mind-Mapping. Mind-Mapping ist ein Assoziationsverfahren, um beliebige Gedanken zu einem Thema in der Form von Haupt- und Nebenlinien zu visualisieren. Im Unterschied dazu bezeichnet die Spinnweb-Analyse eine spezielle Analysetechnik, um zu einem konkreten Sachverhalt Ursachen oder Folgen auszudifferenzieren und zu vernetzen.

sagen massiven Vorurteilscharakter haben – etwa die rechten Parolen, dass die Ausländer uns die Arbeitsplätze wegnehmen, kriminell sind und auf unsere Kosten im Luxus leben – und zu befürchten ist, dass einige Schüler diese Ressentiments emotional heftig verteidigen werden, kann es zweckmäßig sein, die Bewertung solcher Aussagen zurückzustellen, um sie in der nächsten Politikstunde in Verbindung mit Quellen, die gegenläufige Botschaften begründen, zum Gegenstand einer differenzierten Reflexion zu machen.

Der besondere Reiz dieser methodischen Variante besteht darin, dass die Schüler ihr gesellschaftsbezogenes Wissen und ihre Vorurteile aktivieren, und zugleich ihre Phantasie gefordert ist, wenn sie an die Grenze ihres Wissens stoßen – die Kleingruppe scheint mir der ideale kommunikative Ort für eine solche gedankliche Reise in das Labyrinth der gesellschaftlichen Verhältnisse zu sein. Von Fall zu Fall kann überlegt werden, Ausschnitte von Spinnweb-Analysen zu einem späteren Zeitpunkt mit Hilfe von Bildmaterialien in eine Collage zu transferieren.

## Ich-Texte

Konrad Wünsche ist es im Deutschunterricht gelungen, Schüler zur Produktion von kreativen Ich-Aufsätzen anzuregen. (Wünsche 1972, 50 f.) Das Verfassen von Ich-Texten im Politikunterricht kann auch bedeuten: Die Schüler gehen innerlich in eine Rolle hinein, die ihnen im Regelfall über eine Bild- oder Textquelle präsentiert wird, und versuchen aus der Perspektive einer übernommenen Rolle ihren Ich-Text zu schreiben.

Ein Foto von Obdachlosen kann z.B. zu der folgenden Aufgabe führen: Wähle aus der Gruppe der Obdachlosen eine Person aus, die dich am ehesten anspricht. Beschreibe in der Ich-Form einen möglichen Tagesablauf der gewählten Person. Der Text über den Selbstmord eines Politikers kann dazu herausfordern, die Schüler einen Monolog entwerfen zu lassen, den der Selbstmörder kurz vor seiner Tat hält. Eine Reportage über den Alltag türkischer Frauen in Deutschland kann in den Arbeitsauftrag umgesetzt werden: Schreibe im Namen einer türkischen Frau, die dir in der Reportage begegnet ist, einen Brief an ihre deutsche Freundin, einen Brief, der ihre Gedanken und Gefühle, ihre Probleme und ihre Phantasien deutlich macht.

Entscheidend für die Wahl der Variante „Ich-Texte" ist, dass die als Ausgangspunkt gewählte Quelle Lebenssituationen oder Handlungsweisen aufgreift, das heißt, biographisch akzentuiert ist. Ein reiner Sachtext ist im Normalfall ungeeignet. Nicht erforderlich ist, dass die Person, die zur Textproduktion herausfordern soll, im Mittelpunkt der Quelle steht. Im Gegenteil: Es gehört geradezu zu den Chancen dieses Verfahrens, Personen, die nur am Rande erwähnt werden, in den Vordergrund zu rücken und auf diese Weise die vorliegende Quelle kreativ anzureichern. So kann es z.B. reizvoll sein, einen Text, in dem es fast ausschließlich um Männer geht, durch die Produktion von Ich-Texten zu ergänzen, die von einer weiblichen Nebenfigur als Bezugspunkt der didaktisch geforderten Identifikation ausgehen.

Auch ist es zulässig, in der Zeit zu „springen". So kann eine Quelle mit einem Gerichtsurteil schließen, jedoch der Arbeitsauftrag lauten: Stell dir vor, du bist derjenige, der gerade zu acht Jahren Haft verurteilt wurde. Schreibe in dieser Rolle kurze Tagebucheintragungen, immer im Abstand eines Jahres. Beginne mit dem Jahr des Urteils und ende ein Jahr nach Ablauf der achtjährigen Haft.

Wenn Schüler Ich-Texte produzieren, müssen sie sich einfühlen und müssen ggf. mitfühlen. Sie lernen, in den Schuhen eines anderen zu denken und zu empfinden. Diese Variante vertieft die Auseinandersetzung mit ausgewählten Quellen, vertieft zugleich den biographischen Zugang zu zahlreichen Themen der politischen Bildung, ohne damit die Bedeutung sachorientierter Zugänge verdrängen zu wollen. Insbesondere in dem Themenfeld „Minderheiten" bietet diese Vorgehensweise besondere Chancen, um durch den methodisch erzwungenen Perspektivenwechsel Empathie und ggf. Toleranz zu fördern. (Ein positiver Nebeneffekt dieser Variante ist das Training im schriftlichen Ausdrucksvermögen).

*Die Einheit biographischer und sachorientierter Zugänge zum Thema*

Bei der Auswertung von Ich-Texten ist es natürlich zunächst interessant zu erfahren, wie unterschiedlich die in Einzelarbeit, Partnerarbeit oder Kleingruppenarbeit verfassten Texte ausgefallen sind. Wesentlich für die Reflexion ist in der Regel, inwieweit die Schülerphantasien mit der sozialen Realität übereinstimmen. Deutliche Abweichungen sind damit zugleich Impulse für eine aufklärende Weiterarbeit am Thema.

## Perspektivenwechsel: eine Quelle aus einer anderen Sicht neu entwerfen

Der klassische Fall des Perspektivenwechsels ist die Produktion der Gegensicht: ein pessimistisches Zukunftsgedicht optimistisch umschreiben, einen DGB-Text aus Unternehmersicht neu entwerfen, ein Positionspapier der CSU aus der Sicht der PDS umarbeiten, eine frauenfeindliche Karikatur emanzipatorisch abändern usw.

*Perspektiven politischer Quellen – geprägt durch Interessenlagen*

Sinnlich erfahrbar wird auf diesem Weg, dass politische Quellen eine Frage der Perspektive sind, dass in der Regel die Interessenlage die jeweilige politische Auffassung präjudiziert, dass der naive Glaube an die Objektivität in der Sphäre des Politischen ein Mythos ist. Besonders reizvoll kann es sein, politische Reden oder Wahlkampfmaterialien (Plakate, Flugblätter, Buttons ...) umzugestalten, z.B. den Redeausschnitt eines Bundesministers aus der Sicht einer Oppostionspartei neu zu entwerfen, Plakate zur Bundestagswahl im Sinne einer gegnerischen Partei abzuwandeln usw.

Eine andere Möglichkeit besteht in der Anforderung, Schüler eine zuvor kritisch betrachtete und problematisierte Quelle aus der Sicht der eigenen Überzeugung neu gestalten zu lassen. Wenn z.B. ein politischer Text eine provokante Lösung der Ausländerproblematik formuliert, könnte ein erstes Gespräch aufzeigen, dass in der Klasse zahlreiche davon abweichende Positionen bestehen. Diese jeweils anderen Positionen können Kleingruppen über eine gezielte Umarbeitung der vorliegenden Quellen verdeutlichen.

Voraussetzung für neue Entwürfe ist, dass die Originalquelle in ihren Grundzügen verstanden ist. Eine kommunikative

Situation ist hilfreich, um eine Quelle aus einer anderen Perspektive neu zu entwerfen – insofern ist Partnerarbeit bzw. die Sozialform „Kleingruppe" der Einzelarbeit vorzuziehen. Voraussetzung solcher Neuentwürfe ist ein Mindestmaß an gedanklicher Klarheit über die einzunehmende Perspektive. Ohne ein Mindestwissen über grüne Politik kann es z.B. nicht gelingen, den Redeausschnitt eines konservativen Politikers aus der Sicht von Joschka Fischer neu zu formulieren.

Die Wahrnehmung und vergleichende Reflexion von Originalquelle und neuen Entwürfen fördert die Einsicht, dass es in politischen Fragen die Wahrheit nicht gibt, verschiedene Standpunkte und Perspektiven ihre Berechtigung haben. Insofern erzieht diese Variante der Quellenproduktion zu einer pluralistischen Grundhaltung, ohne dass man als Lehrer gezwungen ist, in dieser Grundfrage eine moralisch-politisch belehrende Rolle einzunehmen.

## Das Schülerinterview

Schülerinterview meint, dass Schüler ein Interview durchführen. Nicht gemeint ist hier die komplexe Vorbereitung eines Interviews, um dann z.B. im Rahmen einer ganztägigen Exkursion gezielt Experten zu befragen. Hier geht es nur um solche Kurzinterviews, die Schüler im Rahmen des alltäglichen ein bis zwei Stunden umfassenden Politikunterrichts vorbereiten und realisieren können.

*Partnerinterview*

Eine erste Variante besteht darin, dass sich die Schüler einer Klasse im Kontext der Auseinandersetzung mit einer Quelle untereinander interviewen. Die Klasse teilt sich in Zweiergruppen, und die eine Hälfte der Klasse interviewt die andere. Die Fragenden bleiben in der Schülerrolle, die Befragten bleiben auch, was sie sind: Schüler, Jugendliche, Jungen, Mädchen usw. Dass die Schüler spielerisch in eine andere Rolle schlüpfen, ist in dieser Situation nicht gewollt. Es eignen sich insbesondere Quellen, die Betroffenheit auslösen oder Meinungsäußerungen, Stellungnahmen, politische Forderungen provozieren. Der Lehrer kann Leitfragen oder Stichworte für die parallel stattfindenden Interviews vorgeben

– z.B.: Habt ihr Lust Hausfrau oder Hausmann zu werden? Führt zu dieser Leitfrage nach kurzer Vorbereitung Partnerinneninterviews durch. Die Vorbereitung kann auch im Plenum bzw. über Kleingruppen erfolgen. Zwangsläufig werden über diese Interviewtechnik die Schüler in einem hohen Maß aktiviert, der Lehrer tritt zugleich in den Hintergrund. Um die Verwertung der Ergebnisse für die Weiterarbeit zu erleichtern, kann es hilfreich sein, wenn sich die Interviewer – ggf. nach dem Gespräch – kurze Notizen machen.

Eine andere Variante zielt auf ein Interview mit Schülern aus anderen Klassen, z.B. in der Pause. Um das Meinungsspektrum in der eigenen Klasse zu erweitern bzw. zu überprüfen, kann es interessant sein, ein bis zwei Fragestellungen stichwortartig zu konkretisieren, und dann eine Kleingruppe mit dem Kassettenrecorder loszuschicken, um auf dem Schulhof einige Interviews einzufangen. Die Thematik muss sich für kurze Spontaninterviews mit Jugendlichen eignen, und der Interviewablauf mit einem Kassettenrecorder sollte ggf. zuvor in der Klasse geübt werden. Die technische Aufnahme solcher Interviews schafft eine authentische Interviewsituation, zugleich ist die Weiterverwertung der Ergebnisse zumeist problemlos möglich.

Man kann die Methode „Schülerinterview" auch dahingehend abwandeln, dass nicht Mitschüler, sondern Passanten bzw. Anwohner in der Schulumgebung befragt werden. Die Wahl der Interviewpartner kann der Interviewgruppe überlassen werden oder vorher festgelegt sein. Bei manchen Themen kann es sinnvoll sein, von vornherein von einer bestimmten Zielgruppe auszugehen und nur Frauen oder Geschäftsleute oder Autofahrer oder ältere Mitbürger zu befragen. Unter Umständen sind auch mehrere Interviewgruppen angebracht, um unterschiedlichen Fragestellungen parallel nachgehen zu können. Der Mitschnitt solcher Straßeninterviews ist in allen Fällen sehr sinnvoll. Voraussetzung solcher Schülerinterviews ist, dass in relativer Nähe zur Schule kurzfristig hinreichend Gesprächspartner zu finden sind. Die an den Interviews nicht beteiligten Schüler benötigen für den Zeitraum der Interviewphase eine andere Aufgabe.

## Eine Quelle formal neu gestalten

Bei dieser Anforderung, produktiv tätig zu werden, bleibt eines konstant: die Botschaft der Quelle. Die kreative Herausforderung liegt ausschließlich in der Frage, wie sich eine vorliegende Bild- oder Textquelle formal neu gestalten lässt. Das Spektrum möglicher Antworten ist sehr umfassend. Es ist denkbar:

- zu einem Text eine Karikatur oder einen Comic oder ein Plakat oder eine Collage zu entwerfen;
- einen Sachtext zu emotionalisieren, z.B. in der Form eines Flugblattes oder Gedichts. Auch die Umkehrung macht Sinn: ein politisches Gedicht oder ein Flugblatt als Sachtext abzufassen;
- eine Bildquelle zu vertextlichen, z.B. in der Form eines Nachrichtentextes, eines Monologs oder Dialogs, eines wissenschaftlichen Textes, einer politischen Rede usw.,
- zu einer Bild- oder Textquelle ein Kernsatzposter zu entwerfen, das heißt: Die Botschaft der Quelle wird als Kernsatz formuliert (z.B. „Armut hat viele Gesichter"), in das Posterzentrum gerückt, und kurze aussagekräftige Formulierungen bzw. Bildelemente werden – von der Quelle übernommen, abgeleitet oder erfunden – um den Kernsatz herum sinnvoll angeordnet.

*Zum Bespiel: Kernsatzposter*

Wenn die Schüler auf dieser Ebene tätig werden, sind sie gezwungen, sich die Botschaft der Quelle zuvor anzueignen. Ihre Produktionen stehen folglich immer auf dem Prüfstand der Frage, ob es gelungen ist, die Botschaft der Quelle unverfälscht zu transferieren. In der Produktionsphase selbst sind die Schüler ästhetisch und/oder sprachlich kreativ gefordert. Solche produktiven Aufgaben machen den Beteiligten häufig Spaß und ihre Realisierung über Kleingruppen ist in der Regel der methodische Idealfall, da die kommunikative Situation der Gruppe dem Gelingen der Aufgabe fast immer förderlich ist. Am Ende steht die wechselseitige Präsentation der Schülerproduktionen, die in ihrer konkreten Unterschiedlichkeit zu vergleichenden Reflexionen herausfordern.

## Die Phantasiereise

Die Methode Phantasiereise wird hier nicht als Meditationstechnik begriffen, sondern als ein Verfahren, das Einfühlungsvermögen in eine konkrete politische Situation zu fördern und themenbezogen Phantasien freizusetzen.

Alle sollten so entspannt wie möglich sitzen und die Augen schließen. Im Hintergrund ertönt sanfte Instrumentalmusik. Hilfreich ist ein Schild vor der Tür: Bitte nicht stören.

Die Lehrkraft spricht, während die Musik leise weiterläuft, langsam und mit Pausen den Text einer Phantasiereise – z.B.: „Stell dir vor, deine Hautfarbe ist schwarz. Als Kind hast du in Ghana gelebt. Als Flüchtling bist du mit deinen Eltern nach Deutschland gekommen. Du lebst in Darmstadt und bist jetzt 18 Jahre alt. Du sitzt in der Straßenbahn. Es sind viele Menschen in der Bahn. Aber der Platz neben dir bleibt leer. Auch die zwei gegenüberliegenden Plätze bleiben leer. Aggressive Blicke treffen dich. Du spürst die Ablehnung der anderen. Welche Gefühle und Gedanken gehen dir in dieser Situation durch den Kopf? Was würdest du gerne sagen oder machen?“

Nach einiger Zeit wird das Ende der Phantasiereise angesagt. Alle werden gebeten, langsam in die Wirklichkeit zurückzufinden, allmählich die Augen zu öffnen. Die Musik stoppt. Die Aussprache über das Erlebte kann im Plenum oder in Kleingruppen erfolgen. Manchmal kann es sinnvoll sein, zunächst alle aufzufordern, das Erlebte in der Ich-Form aufzuschreiben. Am Ende der Auswertung sollten Quellen einbezogen werden, die das Thema der Phantasiereise aufgreifen. Auch der umgekehrte Fall ist denkbar: erst wird eine politische Quelle gelesen, dann wird die Methode Phantasiereise eingesetzt.

Wer Bedenken gegen diese Methode hat, möge bedenken: Ohne die Macht der Phantasie gäbe es keine Entwicklung von Wissenschaft und Technik, von Kunst und Kultur.

# 4. Kreative Politikstunden

Quelle I

Karikatur: Marcks

## Kreative Möglichkeiten

- Sie können die Quelle verrätselt präsentieren, indem Sie den Text ganz oder teilweise weglassen oder stellenweise verfälschen oder unsortiert unter den Comic setzen. Sie können die Bildelemente auch zerschneiden, so dass ein Puzzle entsteht.
- Sie können einen Ausschnitt des Comics als Standbild aufführen. Es kann reizvoll sein, erst zum vierten Bildelement ein Standbild präsentieren zu lassen, anschließend das Thema von der Klasse erraten zu lassen und dann den Comic einzugeben.
- Da der Comic leicht verständlich ist, ist auch eine Sprechmühle möglich. Die Aufgaben für eine Sprechmühle könnten lauten:
  1. Versuche das Verhalten von Mann und Frau in diesem Gespräch zu erklären.
  2. Was wird der Sohn Jan in dieser Situation gedacht und gefühlt haben?
- Ein fiktives Interview könnte mit der Ehefrau und/oder dem Ehemann realisiert werden. Es bietet sich an, zwei emanzipierte Reporterinnen vorzugeben, die für eine kritische Frauenzeitschrift tätig sind.
- Sie können ein Entscheidungsspiel inszenieren, wenn Sie z.B. die folgenden Rollenvorgaben machen: Die Ehefrau will sich scheiden lassen, falls ihr Ehemann in einem zweiten Gespräch nicht akzeptiert, dass sie ihren Beruf wieder aufnehmen will.
- Ein Streitgespräch als Rollenspiel ist möglich und gewinnt an Dynamik, wenn nicht nur die Rollen des Ehepaares, sondern auch noch die Rollen eines befreundeten Paares besetzt werden.
- Eine Spinnweb-Analyse kann reizvoll sein, um z.B. die Ursachen des männlichen Verhaltens auszudifferenzieren.
- Sie können Ich-Texte verfassen lassen, z.B. Monologe der Ehefrau nach der Verabschiedung des Mannes, oder einen Brief, den sie noch am selben Tag an ihre beste Freundin schreibt.

- Perspektivenwechsel: Die Schüler schreiben den Dialog um. Vorgabe für den Neuentwurf: Die Frau ist selbstbewusst und setzt sich mit ihrem Wunsch, wieder berufstätig zu werden, durch.
- Das Schülerinterview als Partnerinterview: Die Mädchen interviewen die Jungen unter der Leitfrage, inwieweit sie bereit sind, sich in einer späteren Partnerschaft an der Hausarbeit und ggf. der Kindererziehung gleichberechtigt zu beteiligen.
- Die Verwandlung der Quelle in ein Kernsatzposter: Die Schüler formulieren die zentrale Botschaft des Comics als Kernsatz, rücken diesen in das Posterzentrum und gruppieren kurze aussagekräftige Formulierungen und ggf. auch Bildelemente um den Kernsatz herum an.
- Eine Phantasiereise: „Stell dir vor, du bist seit 15 Jahren verheiratet. Du sehnst dich in deinen Beruf als Sekretärin zurück, den du aufgegeben hattest, als dein Sohn Jan vor zehn Jahren geboren wurde. Als du deinem Mann vorschlägst, Jan auf eine Ganztagsschule zu schicken, um wieder halbtags berufstätig sein zu können, reagiert dein Mann ablehnend, empört und aggressiv. Welche Gedanken und Gefühle gehen dir in dieser Gesprächssituation durch den Kopf? Wie wird dein Leben weitergehen?“

Es folgen zwei Verlaufsplanungen, die jeweils zwei bzw. eine Stunde umfassen und als Ausschnitt einer Unterrichtseinheit zum Thema „Gleichberechtigung“ anzusehen sind.

# Exemplarische Verlaufsplanung 1

| Lernschritte/Zeit | Lehrer-Schüler-Verhalten |
|---|---|
| **1. Schritt:** Einen Comic enträtseln und deuten (45 Min.) | a) L. verteilt den Comic ohne die Dialogtexte, lediglich die Sprechblase 4 ist ausgewiesen.<br>b) S. versuchen in Partnerarbeit, den Originaldialog zu phantasieren.<br>c) Einige Schüler-Entwürfe werden mit verteilten Rollen vorgelesen und auf ihre Plausibilität hin diskutiert.<br>d) Der Comic von M. Marcks wird im Original verteilt oder mit Folie präsentiert.<br>e) L. lässt die S. sinnvolle Überschriften raten und nennt anschließend die Formulierung von M. Marcks („Soweit kommt's noch"). |
| **2. Schritt:** Sich einfühlen in verschiedene Rollen und unterschiedliche Interessenlagen aufzeigen (ca. 30 Min.) | a) L. teilt die Klasse in vier Gruppen auf. Jede Gruppe bereitet eine Rolle für ein Streitgespräch vor. Das Ehepaar auf dem Comic – genannt Karl und Marta – diskutiert sein Problem mit einem befreundeten Ehepaar – genannt Heinz und Ulrike. Rollenvorgaben: Heinz ergreift Partei für Karl, Ulrike solidarisiert sich mit Marta (vgl. Anm. 1).<br>b) Das Streitgespräch wird als Rollenspiel aufgeführt. Einige Requisiten deuten ein Wohnzimmer an. Die nichtbeteiligten S. gruppieren sich im Halbkreis um die Spielszene. |

## Anmerkungen

1. Diese Rollenvorgaben sind notwendig, um für das Streitgespräch ein Mindestmaß an Machtbalance zu ermöglichen.

| Lernschritte/Zeit | Lehrer-Schüler-Verhalten |
|---|---|
| 3. Schritt:<br>Das Rollenspiel auswerten und Stellung nehmen<br>(ca. 15 Min.) | a) L.-gelenktes Gespräch:<br>– Welche Konfliktlösung wurde im Streitgespräch gefunden?<br>– Welche anderen Konfliktlösungen gibt es?<br>b) Die Konfliktlösungen werden thematisch als Tafelbild fixiert:<br>Mann – Frau<br>Arbeit – Haushalt/Kinder<br>*oder:* Mann – Frau<br>Arbeit, Haushalt/Kinder – Arbeit, Haushalt/Kinder<br>*oder:* Mann – Frau<br>Haushalt/Kinder – Arbeit<br>*oder:* Mann – Frau<br>Arbeit – Arbeit, Haushalt/Kinder<br>c) Blitzlicht im Stuhlkreis: Welche Konfliktlösung gefällt dir am besten und warum? (Vgl. Anm. 2) |

## Anmerkungen

2. Bei einem Blitzlicht können sich alle äußern, aber es besteht auch das Recht zu schweigen. Wer will, soll sich möglichst kurz und knapp äußern. Das Blitzlicht läuft im Kreis herum, ohne Diskussion oder Lehrerkommentar!

# Exemplarische Verlaufsplanung 2

| Lernschritte/Zeit | Lehrer-Schüler-Verhalten |
|---|---|
| **1. Schritt:**<br>Sich einfühlen in verschiedene Rollen<br>(ca. 20-25 Min.) | a) L. verteilt Comic.<br>b) Zwei S. lesen den Dialog mit verteilten Rollen vor.<br>c) Auseinandersetzung in der Form einer Sprechmühle. In der Mitte des Klassenraums wird ein möglichst großer Platz geschaffen.<br>L. erklärt den Ablauf. Alle S. sollen, während eine Kassette mit passender Musik läuft, umherschlendern wie auf einem Marktplatz. Sobald die Musik aussetzt, sucht sich möglichst jedes Mädchen einen Jungen als Partner – und umgekehrt. Anschließend wird mit Hilfe eines Impulses bestimmt, wer A bzw. B ist. Anschließend stellt der L. eine Aufgabe, und A hat ein bis zwei Minuten Zeit, seine Antwort B vorzutragen. Nach einem Signal wechseln die Positionen und B trägt seine Antwort A vor. Der jeweils Zuhörende übt aktives Zuhören und darf den Redenden nicht unterbrechen. Setzt die Musik wieder ein, beginnt wieder das Umherschlendern bis zur nächsten Unterbrechung und erneuten Partnerwahl.<br>Für die Sprechmühle sind drei Durchgänge geplant.<br>Impulse zur Partnerwahl:<br>– A hat die größeren Füße.<br>– A ist am letzten Samstag später zu Bett gegangen.<br>– A ist älter.<br><br>Aufgaben für die Sprechmühle:<br>1. Versuche das Verhalten von Mann und Frau in diesem Gespräch zu erklären.<br>2. Was wird der Sohn Jan in dieser Situation gedacht und gefühlt haben?<br>3. Angenommen, du müsstest als erwachsene Frau bzw. Mann dieses Gespräch mit deinem Lebenspartner bzw. deiner Lebenspartnerin führen. Wie würdest du dich verhalten? |
| **2. Schritt:**<br>Verschiedene Modelle zur Rollenverteilung von Mann und Frau sichtbar machen<br>(20-25 Min.) | a) L.-gelenktes Gespräch: - Welche Rollenverteilung wünscht sich der Mann? (Frage zielt auf den Comic)<br>- Welche Rollenverteilung möchte die Frau erreichen? (Vgl. Anm. 1)<br>b) Perspektivenwechsel: Die S. schreiben das Gespräch in Partnerarbeit um. L. macht für den Neuentwurf folgende Vorgabe: Die Frau ist selbstbewusst und setzt sich mit ihrem Wunsch, berufstätig zu werden, durch (vgl. Anm. 2).<br>c) Einige Entwürfe werden vorgelesen. Die S. erhalten die Möglichkeit zu spontanen Stellungnahmen. |

Anmerkungen

1. Zwei Varianten sollten deutlich werden: Die Frau will berufstätig werden und zugleich die Betreuung von Haushalt und Kind allein bewältigen oder sie verlangt darüber hinaus von ihrem Partner, dass Haushalt und Kinderbetreuung partnerschaftlich geregelt werden.
2. Der Arbeitsauftrag zielt nur auf die Neufassung des Gesprächstextes. Für eine bildliche Illustration alternativer Gesprächsverläufe fehlt im Rahmen dieser Einzelstunde die Zeit. Denkbar wäre es, die Illustration als freiwillige Hausaufgabe anzubieten.

## Quelle II:
## Die Geschichte Boi Van Nhos aus Vietnam

Am 14.Oktober 1991, es ist ein Montag, steht Boi Van Nho in der Ostberliner Betonsiedlung Hellersdorf an der Bushaltestelle (...). Als der Bus schon in Sichtweite ist, stürzen sich mehrere Jugendliche auf ihn und schlagen ihm ins Gesicht. Der schmächtige Vietnamese verliert schon beim ersten Schlag das Bewusstsein, sinkt zu Boden. Dort wird sein Körper von Stiefeln und Stahlkappen traktiert. Die Täter – wie sich später herausstellt, drei Ostberliner Jugendliche zwischen sechzehn und siebzehn Jahren – entkommen unter den Augen zahlreicher Zeugen.

Zwölf Tage bleibt Boi Van Nho auf der Intensivstation im Koma. Wird er den schweren Schädelbasisbruch überleben? (...) Erst als er aus dem Koma erwacht ist und keine Lebensgefahr mehr besteht, trauen sich seine Bekannten, eine Nachricht nach Vietnam zu schicken. Gut zwei Monate nach dem Überfall kann Frau Nho mit dem ältesten Sohn nach Berlin fliegen. Private Sender und der Berliner Senat haben den Flug bezahlt.

Ende November ist Boi Van Nho aus dem Krankenhaus entlassen worden. Die Schädelverletzung gilt als geheilt. Doch ob er je wieder ganz gesund werden wird, lässt sich nicht sagen. Heute, mehr als vier Monate nach dem Überfall, klagt Herr Nho über starke Gleichgewichtsstörungen. Auf dem rechten Ohr kann er kaum hören. Bei der kleinsten Anstrengung zeigen sich Schweißperlen auf seiner Stirn. Er kann sich nur schwer konzentrieren, hat deutliche Gedächtnislücken. Freunde klagen: ständig verlegt er etwas, findet es nicht wieder und redet manchmal wirres Zeug. Mittlerweile kann Herr Nho wieder kurze Briefe schreiben. Seine wenigen Deutschkenntnisse hat er während des Komas gänzlich verloren.

An dem Tag des Überfalls kann er sich nicht erinnern. Was passiert ist, weiß er nur aus Erzählungen.

Über seine Ängste (...) spricht Herr Nho nicht. Doch ohne Begleitung von anderen macht er kaum einen Gang. Sein Bewegungsradius misst etwa hundert Meter um das triste Wohnheim herum. „Er ist sehr unselbstständig geworden", beobachten die Mitarbeiterinnen der „Beratungsstelle für ausländische Mitbürger", die sich von Anfang an rührig um Herrn Nho gekümmert haben. Sie hatten gehofft, dass Frau Nho schon bald die Betreuung ihres Mannes übernehmen könnte. Aber wie soll das gehen? Berlin ist die erste Stadt, die sie in ihrem Leben gesehen hat. In Vietnam hat sie als Landarbeiterin auf dem Dorf gelebt. Das Fahrrad war das einzige Verkehrsmittel, das sie je benutzt hatte. Jetzt fehlen ihr zum Einkaufen nicht nur die deutschen Worte. Auch die Waren selbst sind ihr fremd.

Wenn die Ärzte Recht behalten, dann wird Boi Van Nho möglicherweise nie mehr voll arbeiten können. Vor drei Jahren war er als einer der letzten Vertragsarbeiter in die DDR gekommen. Um seine Familie zu ernähren, hatte er sich zuvor schon als „Gastarbeiter" nach China schicken lassen. In der DDR bekommt Herr Nho zunächst eine Stelle als Landmaschinenarbeiter in der Nähe von Schwerin zugeteilt. 1990 wird ihm gekündigt. Er zieht nach Berlin, findet Arbeit bei einer Reinigungsfirma und eine Bleibe im Wohnheim für „ausländische Arbeitnehmer".

Sollte er seine Arbeitsfähigkeit nicht vollständig zurückgewinnen, dann wird er in Vietnam keine Existenzmöglichkeit mehr haben. Zurzeit lebt Herr Nho von Krankengeld. Vielleicht bekommt er eines Tages ein Schmerzensgeld oder eine Rente – sofern bei den jugendlichen Tätern dann etwas zu holen ist. Aber das kann Jahre dauern.

*Die Zeit Nr. 9/1992, S. 95*

# Exemplarische Verlaufsplanung 3

| Lernschritte/Zeit | Lehrer-Schüler-Verhalten |
|---|---|
| **1. Schritt:**<br>Textkritische Auseinandersetzung mit der Frage nach den Ursachen des Überfalls<br>(20-30 Min.) | a) L. liest den ersten Absatz vor (Tische sind im Halbkreis angeordnet).<br>b) L. schreibt folgenden Impuls an die Tafel: Warum? S. äußern Vermutungen.<br>c) Der gesamte „Zeit"-Artikel wird ausgegeben und gelesen bzw. vorgelesen. Auf Nachfrage formulieren die S., dass der Text keine Erklärung für den Überfall auf Boi Van Nho bietet.<br>d) Im lehrergelenkten Gespräch wird mit Hilfe eines Overheadprojektors eine Spinnweb-Analyse zu den Ursachen des Überfalls entworfen (vgl. Anm. 1) |
| **2. Schritt:**<br>Sich einfühlen in die Situation der Familie Boi van Nhos<br>(30-45 Min.) | a) L.-gelenktes Gespräch:<br>– Welche Folgen hat der Überfall für Boi Van Nho? (genaue Textauswertung)<br>– Welche Folgen hat der Überfall für seinen ältesten Sohn und seine Ehefrau?<br>b) Arbeitsauftrag für einen in Einzelarbeit zu schreibenden Ich-Text: Versetzt euch in die Lage von Frau Van Nho oder ihrem Sohn. Welche Gedanken und Gefühle mögen die Ehefrau bzw. den Sohn bewegen? Schreibt einen sehr persönlichen Text in der Ich-Form, der eine Woche nach ihrer Ankunft in Berlin entsteht (vgl. Anm. 2).<br>c) Einige Texte zu jeder Person werden vorgelesen und evtl. kurz besprochen. |
| **3. Schritt:**<br>Kritische Antworten suchen<br>(ca. 25 Min.) | a) L.-gelenktes Gespräch:<br>– Wie wird versucht, Boi Van Nho zu helfen? (genaue Textauswertung)<br>– Welche weiteren Möglichkeiten gibt es, Boi Van Nho und seiner Familie zu helfen?<br>– Was könnte geschehen, um in Zukunft solche Überfälle zu verhindern?<br>b) Hausaufgabe – Ich-Texte: Verfasse eine Rede von exakt einer Minute Dauer, in der du in der Rolle des Bürgermeisters von Berlin zu diesem Überfall eine Presseerklärung abgibst. |

## Anmerkungen

1. Grundsätzlich ist eine Spinnweb-Analyse zu den Ursachen oder Folgen sinnvoll. Da die hier vorliegende Quelle zu der Frage nach den Folgen einige Antworten bietet, liegt es in diesem Fall nahe, die Spinnweb-Analyse auf die Ursachen zu beziehen.
2. Da es häufig leichter ist, sich in eine Person des gleichen Geschlechts einzufühlen, andererseits es auch im Politikunterricht notwendig ist, geschlechtsspezifische Betrachtungen zu fördern, wird die Aufgabe Ich-Texte hier alternativ angeboten.

## Kreative Alternativen

Die vorliegende Verlaufsplanung rückt die methodischen Varianten „Spinnweb-Analyse“ und „Ich-Texte“ in den Mittelpunkt. Aber es wäre auch denkbar:

- Den ersten Absatz des Textes vorzulesen, anschließend die Szene an der Bushaltestelle im Sinne eines Standbildes nachzustellen. In diesem Fall könnte es sinnvoll sein, dass nicht eine Gruppe, sondern die Klasse insgesamt das Bild diskutiert und mit Freiwilligen nach und nach baut. Danach könnte die Doppelstunde mit dem Impuls „Warum?“ wie geplant fortgesetzt werden. In diesem Fall würde der erste Schritt ca. fünf Minuten mehr erfordern, zum Ausgleich könnte man den dritten Schritt entsprechend verkürzen.
- Der zweite Lernschritt könnte auch durch ein fiktives Interview gestaltet werden. Reizvoll wäre es z.B., einige Zuschauer unter der Fragestellung zu interviewen, warum sie nicht versucht haben, den Überfall auf Boi Van Nho zu verhindern. Um billige Ausreden zu erschweren, empfehle ich für die Zuschauer die folgenden Rollenvorgaben: Junger Mann, 18 Jahre alt, bereitet sich gerade aufs Abitur vor – Hausfrau, 40 Jahre alt, Mutter zweier Kinder – Soldat in Zivil, 25 Jahre alt, hat gerade Wochenendurlaub. Alle drei Zuschauer waren während des Überfalls nur wenige Meter entfernt! Für die Vorbereitung des fiktiven Interviews bieten sich vier Gruppen an. Bevor das Interview gespielt wird,

sollten die nicht mitspielenden Schüler den folgenden Beobachtungsauftrag erhalten: Wie realistisch äußern und verhalten sich die Beteiligten? In der Reflexionsphase sollte in jedem Fall über die Realitätsnähe des fiktiven Interviews gesprochen werden.

- Der dritte Schritt könnte ausschließlich durch die Frage: „Wie hättet ihr euch in dieser Situation verhalten?" geprägt werden. Hier bieten sich zunächst Schülerinterviews in der Form von Partnerinterviews an, anschließend könnte ein Meinungsaustausch im Stuhlkreis erfolgen.

## Quelle III
## Vermieter weisen schwarze Frau ab

Bis vor gut zwei Monaten war für Abby A. die Welt noch in Ordnung. Seit drei Jahren lebt die in Nigeria geborene junge Frau bei einem Bekannten in einem schmucken Einfamilienhaus in Badenstedt. Sie hat einen festen Job, nette Kollegen, gute Freunde. Abby, in London aufgewachsen und britische Staatsbürgerin, fühlt sich rundum wohl in Hannover. Als sie sich auf die Suche nach einer eigenen Wohnung macht, ändert sich dies jedoch. „Die Leute hier wollen nicht an Schwarze vermieten", sagt sie.

Mitte August beginnt Abby, die als EDV-Administratorin bei einem großen hannoverschen Unternehmen arbeitet, Wohnungsanzeigen in der Zeitung zu sichten. Erster Versuch: eine Zweizimmer-Altbauwohnung in der List. Der Vermieter ist am Telefon sehr freundlich und lädt die 28-Jährige zum Besichtigungstermin ein. Dass sie farbig ist, erzählt sie nicht. „Ich habe gar nicht darüber nachgedacht." Als Abby dem Mann schließlich gegenübersteht, mustert er sie von oben bis unten. Ob sie wirklich die Dame sei, mit der er telefoniert habe? Und dann erklärt er plötzlich: „Tut mir leid, die Wohnung ist schon weg."

Zu Hause sei sie in Tränen ausgebrochen, erinnert sich die Diplom-Informatikerin. „Er hat nur auf meine Hautfarbe geschaut, ich hatte keine Chance, mich selbst, meine Person vorzustellen." Der zweite Versuch verläuft ähnlich. Nachdem der Vermieter erklärt hat, die Wohnung sei vergeben, ruft ein Bekannter nochmals an – und bekommt einen Termin, um die Räume anzuschauen.

Fortan stellt Abby, die sehr gut Deutsch spricht, schon am Telefon klar, dass sie Schwarze ist. Mindestens 50 Wohnungen sieht sie sich an – ohne Erfolg. „Es gab drei Reaktionen", berichtet sie. „Manche erklärten sofort, dass sie nicht an Farbige vermieten. Andere sagten, dass sei nicht so gut, aber man könne sich ja mal treffen. Die letzten betonten, sie hätten kein Problem damit." Doch auch von ihnen schließt keiner mit der jungen, attraktiven Frau einen Mietvertrag ab. „Als sie mich sahen, haben sie es sich schnell anders überlegt", schildert Abby ihre Empfindungen.

In ihrem Taschenkalender hat sie alles genau protokolliert, jede zu einer von ihr ausgesuchten Wohnung gehörende Anzeige ausgeschnitten und beim Datum der Absage eingeklebt. „Das sind keine Zufälle, das hat System", meint die junge Frau aufgebracht. Schließlich sei der Wohnungsmarkt entspannt, sie habe eine sichere Anstellung und verdiene gut. „Drei Jahre lebe ich schon hier, und bisher hatte ich keine Probleme mit meiner Hautfarbe. Ich hätte nie gedacht, dass die Menschen so sein können", sagt Abby. Sie fühlt sich „enttäuscht und verletzt". jk

*Hannoversche Allgemeine Zeitung v. 29.10.1997*

## Exemplarische Verlaufsplanung 4

| Lernschritte/ Zeit | Lehrer-Schüler-Verhalten |
|---|---|
| **1. Schritt:**<br>Die Quelle enträtseln und sich aneignen<br>(ca. 15 Min.) | a) L. liest den folgenden Text vor:<br>Bis vor zwei Monaten war die Welt für Frau A. noch in Ordnung. Seit drei Jahren lebt die junge Frau bei einem Bekannten in einem Einfamilienhaus. Sie hat einen festen Job, gute Kollegen, gute Freunde. Frau A. fühlt sich rundum wohl in Hannover. Als sie sich auf die Suche nach einer eigenen Wohnung macht, verliert sie ihr Wohlgefühl. „Die Leute wollen einfach nicht an mich vermieten", sagt sie.<br>b) L. fragt: warum? S. formulieren Vermutungen.<br>c) Die Quelle wird ausgegeben und vorgelesen. Die S. können sich spontan äußern. |
| **2. Schritt:**<br>Sich einfühlen<br>(ca. 30 Min.) | a) Alternative Angebote zur Einzel- oder Kleingruppenarbeit:<br>- Schreibt in der Ich-Form einen Brief, den Frau Abby A. an ihre Schwester in London richtet.<br>- Schreibt in der Ich-Form mögliche Gedanken und Gefühle der Vermieter auf, die nicht an Frau Abby A. vermieten wollen.<br>- Entwerft als Vierergruppe zu dem Treffen von Frau Abby A. mit einem Vermieter (Szene im zweiten Absatz) ein Standbild.<br>b) Präsentation:<br>- Die Standbild-Gruppe baut schweigend ihr Bild auf, die anderen kommentieren und deuten Einzelheiten, am Ende erklärt ein Gruppenmitglied die konkreten Absichten und die eingesetzten Stilmittel.<br>- Ich-Texte aus beiden Sichtweisen werden abwechselnd vorgelesen, S.-Kommentare sind erwünscht. |
| **3. Schritt:**<br>Partei ergreifen<br>(ca. 45 Min.) | a) L. präsentiert Artikel 3 aus dem Grundgesetz.<br>b) L. fordert dazu auf, in Zweiergruppen schweigend Schreibgespräche zu einer der folgenden Fragen zu führen: *Welche Möglichkeiten haben Menschen anderer Hautfarbe, sich dagegen zu wehren, als Menschen zweiter Klasse behandelt zu werden? Oder: Was kann geschehen, um Vorurteile gegenüber Menschen anderer Hautfarbe abzubauen?* Die S. sollten auf einem großen Blatt Papier abwechselnd in zwei verschiedenen Farben schreiben und dabei inhaltlich aufeinander Bezug nehmen.<br>c) Mehrere Schreibgespräche werden mit verteilten Rollen vorgelesen und ggf. diskutiert (vgl. Anm. 1). |

### Anmerkungen

1. Es könnte reizvoll sein, viele Schreibgespräche zu hören und in aller Ruhe zu diskutieren. In diesem Fall empfehle ich, die nächste Unterrichtsstunde einzubeziehen.
2. Eine Hausaufgabe könnte lauten: Schreibt einen Leserbrief, in dem ihr zu dem Fall „Vermieter weisen schwarze Frau ab" Stellung nehmt.

### Kreative Alternativen

- Die Produktion einer Karikatur zur Botschaft der Quelle wäre eine Alternative zum Standbild.
- Die Stunde könnte mit einer Phantasiereise beginnen, in der alle in der Rolle von Frau oder Herrn Abby A. in die Situation eines Bewerbungsgespräches mit einem ablehnenden Vermieter geführt werden.
- Die Fragen der Schreibgespräche lassen sich auch in einer Sprechmühle bearbeiten. In diesem Fall würde ich auf die Unterscheidung in A und B verzichten und die Fragen in wechselnden Zweiergruppen nacheinander diskutieren lassen.
- In der zweiten Stunde wäre ein Streitgespräch als Rollenspiel möglich, das fiktiv in einem Fernsehstudio stattfinden könnte, von der Lehrkraft in der Rolle einer Journalistin geleitet und über ausgegebene Rollenkarten im Plenum vorbereitet wird. Frau Abby A., ein durch Vorurteile geprägter Vermieter u.a. sollten teilnehmen. Thema: Welche Bedeutung haben die Menschenrechte auf dem Wohnungsmarkt?
- Ein fiktives Interview – hier z.B. mit Frau Abby A. – wäre eine weitere Chance, Empathie, Mitgefühl und Ansätze von Solidarität auf den Weg zu bringen.

## Quelle IV
## „Bei Hitler hätten sie mich vergast"

Der Abschiedsbrief von Günther Schirmer gibt zu denken. „Behinderte haben in dieser Welt wohl nie mehr eine Chance", hat er seiner Frau geschrieben, bevor er sich mit Tabletten das Leben nahm. „Bei Hitler hätten sie mich bestimmt vergast – vielleicht haben diese vielen jungen Menschen doch Recht." Die „vielen jungen

Menschen“, von denen der 46-jährige sprach, haben ihn in den Tod getrieben. Es sind zum größten Teil Schüler. Sie haben ihn bespuckt, beschimpft und angegriffen. Mit seiner Behinderung hatte der frühere Sport- und Mathestudent leben gelernt. „Aber dass ihm die Würde genommen wurde, das hat ihm den Lebensmut genommen“, sagt seine Frau.

Nach einem Verkehrsunfall im Jahre 1979 hatte Günther Schirmer ein Bein verloren und ein halbes Jahr im Koma gelegen, sich nach einem totalen Gedächtnisverlust aber mühsam immer weiter aufgerappelt, schließlich sogar wieder radfahren gelernt. Mit seinem Cockerspaniel „Chico“ im Körbchen vor der Lenkstange war der bärtige Radfahrer ortsbekannt, galt als gesellig und heiter. Erst drei Wochen vor seinem Selbstmord bekam Irene Schirmer mit, was ihr Mann in Wirklichkeit auszustehen hatte.

Früher Nachmittag in Großburgwedel. Das Ehepaar Schirmer ist unterwegs zum Rathaus. Auf dem Schulweg kommen den beiden Hunderte radelnder Schüler entgegen. Plötzlich beobachtet Irene Schirmer, wie einige der Jugendlichen ihrem Mann ins Rad treten, ihn bespucken und anpöbeln. „Unter Hitler wärst du schon lange vergast worden“, rufen sie und „Du lebst von unseren Steuergeldern“. Als die beiden am Rathaus angekommen sind, ist Günter Schirmer von oben bis unten verunreinigt von Spucke. Als seine Frau ihr Entsetzen zum Ausdruck bringt, sagt er ihr: „Mach dir nichts draus. Das bin ich gewohnt.“ Da erinnert sich die gelernte Krankenschwester daran, dass ihr Mann erst vor Tagen mit einer Risswunde am Bein nach Hause gekommen war. Er sei von der Treppe gestürzt, hatte er ihr gesagt. Jetzt erfährt sie, dass er in der Nähe des hannoverschen Hauptbahnhofs von einer U-Bahn-Treppe gestoßen worden war. Sie erfährt von zerschnittenen Fahrradreifen, Anfeindungen, wiederholten Spuck-Attacken. „Aus Angst, seine männliche Selbstachtung zu verlieren, hat er mir verschwiegen, wie ohnmächtig er diesen Angriffen ausgesetzt war“, sagt seine Frau heute. Die Angst vor den Demütigungen sei am Ende aber so groß gewesen, dass er sich zwei Wochen vor seinem Selbstmord nicht mehr auf die Straße gewagt habe.

Das Schicksal Günter Schirmers ist offenbar kein Einzelfall ...

Beim Landesbehindertenbeauftragten Karl Finke, der selbst nahezu blind ist, häufen sich die Klagen. Eltern teilen mit, dass ihre behinderten Kinder von Klassenfahrten ausgeschlossen werden. Beim „Tag des weißen Stockes“ sind Mitglieder des Blindenvereins in der hannoverschen Innenstadt beschimpft worden ...

„Wie oft mussten wir in letzter Zeit mitbekommen, wie erniedrigend Behinderte behandelt werden“, hat Schirmer in einem Brief an seinen Arzt geschrieben. Aus Rücksicht auf seine Frau, teilt er dem Mediziner mit, wolle er darum „den Krüppel an ihrer Seite auslöschen“.

*Hannoversche Allgemeine Zeitung vom 15.10.1992*

| Lernschritte/Ziele | Lehrer-Schüler-Verhalten |
| --- | --- |
| **1. Schritt:**<br>Die Diskriminierung eines Behinderten nachempfinden<br>(ca. 30 Min.) | a) L. bildet eine Kleingruppe, die sich zurückzieht, um zur Szene am Anfang des dritten Absatzes ein Standbild zu entwerfen.<br>b) Stuhlkreis / L.-Impuls für ein kurzes Gespräch: Stellt euch vor, ihr hattet einen schweren Verkehrsunfall und müsstet jetzt im Rollstuhl sitzen. Überlegt, wie sich euer Leben verändern würde.<br>c) L. verteilt die Quelle, L. oder S. liest den Text vor.<br>d) Die Szene am Anfang des dritten Absatzes wird nachgestellt. Die Gruppe baut ihr Bild schweigend. Wenn das Standbild fertig ist, verharren alle für kurze Zeit in ihrer Position und die anderen Schüler sollen das Bild deuten und beschreiben.<br>e) 2. Auswertungsgespräch: Wie hat sich das Opfer gefühlt? Wie haben die anderen Mitspieler die Situation empfunden? |
| **2. Schritt:**<br>Hintergründe aufarbeiten<br>(ca. 30 Min.) | a) Vorbereitung zweier fiktiver Interviews:<br>– zwei kritische Reporterinnen sollen drei Schüler interviewen, die an dem Überfall auf Günter Schirmer aktiv beteiligt waren;<br>– zwei kritische Reporter sollen drei Schüler befragen, warum sie Günter Schirmer nicht geholfen haben, obwohl sie sich in unmittelbarer Nähe zum Tatgeschehen befanden.<br>Die Vorbereitung soll in vier Gruppen erfolgen, es werden zwei Reportergruppen, eine Tätergruppe und eine Zuschauergruppe gebildet.<br>b) Die Interviews werden gespielt und reflektiert. In jedem Fall soll die Realitätsnähe der erfundenen Gespräche reflektiert werden. |
| **3. Schritt:**<br>Politisch Stellung nehmen<br>(ca. 30 Min.) | a) Die Klasse teilt sich in Zweiergruppen und führt Partnerinterviews zu den folgenden Leitfragen:<br>– Überlegt, welche Möglichkeiten Behinderte haben, solche Übergriffe zu verhindern.<br>– Überlegt politische Maßnahmen, die geeignet sein könnten, Behinderte zu schützen und ihre Lage in der Gesellschaft zu verbessern.<br>b) Auswertung der Partnerinterviews im Plenum:<br>– Zunächst werden die individuellen Möglichkeiten der Betroffenen benannt und diskutiert, insbesondere unter dem Aspekt der Erfolgsaussichten.<br>– Abschließend werden die möglichen politischen Maßnahmen thematisiert und auf ihre Realisierungs- und Erfolgsaussichten hin geprüft.<br>c) Hausaufgabe: Schreibe einen Leserbrief an die Witwe von Günter Schirmer. |

## Exemplarische Verlaufsplanung 5

### Kreative Alternativen

- Als Einstieg wäre auch eine kurze Phantasiereise möglich. Der zentrale Impuls könnte lauten: „Stell dir vor, du hattest einen schweren Verkehrsunfall und musst jetzt im Rollstuhl sitzen. Phantasiere den Ablauf eines Tages!" Es kann sinnvoll sein, dem Auswertungsgespräch die Aufgabe voranzustellen, das in der Phantasiereise Erlebte zunächst individuell aufzuschreiben. Bei dieser Vorgehensweise sollte der erste Schritt mit dem Vorlesen der Quelle schließen.
- Es wäre möglich, das Standbild im ersten Schritt durch eine Sprechmühle zu ersetzen. Sinnvolle Aufgaben wären: 1. Was mag Günter Schirmer gefühlt und gedacht haben, als er auf der Straße angegriffen und gedemütigt wurde? 2. Warum hat die Ehefrau nicht eingegriffen, als ihr Mann von Jugendlichen misshandelt wurde? 3. Nimm Stellung zu der Überschrift „Bei Hitler hätten sie mich vergast". In diesem Fall könnte die Sprechmühle in der Form abgewandelt werden, dass auf die Unterscheidung in A und B verzichtet wird und die Aufgaben nacheinander in wechselnden Zweiergruppen besprochen werden.
- Der zweite Lernschritt kann mit Hilfe von Ich-Texten den Selbstmord in das Zentrum rücken. Die eine Hälfte schreibt Monologe, die Günter Schirmer unmittelbar vor seinem Selbstmord hält; die andere Hälfte schreibt Monologe, die Frau Schirmer am Totenbett ihres Mannes – unmittelbar nach dem Selbstmord – vor sich hinspricht.
- Eine denkbare Alternative wäre im zweiten Schritt auch eine Spinnweb-Analyse zu den möglichen Ursachen der Übergriffe auf Günter Schirmer oder die Gruppe der Behinderten insgesamt. Zunächst sollten Kleingruppen an solchen Entwürfen arbeiten, dann müsste eine Auswertung im Plenum erfolgen.

# 5. Thesen zum kreativen Politikunterricht

### 1. These

Die Anwendung der kreativen Unterrichtsmethoden macht Spaß. Das heißt, zunächst einmal tanken Politiklehrer neue berufliche Motivation, wenn sie sich auf dieses Methodenrepertoire einlassen. Auch die Schüler erleben einen solchen Politikunterricht als abwechslungsreich und interessant. Die Lehrer sollten im Blick behalten, dass es sich gleichwohl um Methoden zur Bearbeitung politischer Themen handelt, nicht um Motivationstricks zur Auflockerung eines tristen Unterrichtsalltags.

### 2. These

Alle Erfahrungen der Anwendung – mit Schülern, Studenten und Lehrern – belegen, dass sich das Lernklima deutlich verbessert. Da sich viele Beteiligte unterschiedlich einbringen – spielerisch, produktorientiert, gesprächsorientiert –, entsteht mehr Raum für Prozesse der Selbst- und Fremdwahrnehmung. Das Ich des Einzelnen und die Dynamik der Gruppe gewinnen an Bedeutung.

### 3. These

Alle Methoden lassen sich auch im Deutsch-, Geschichts-, Sach- und Religionsunterricht problemlos anwenden (vgl. Janssen 2005). Mit der Ausweitung auf andere gesellschaftsbezogene Fächer lässt sich die schulische Unterrichtskultur insgesamt positiv beeinflussen. Es entstehen neue Chancen, Brücken zwischen verschiedenen Fächern zu schlagen, das Teamgefühl im Kollegium zu fördern.

### 4. These

Allen Skeptikern und Traditionalisten will ich deutlich entgegenhalten, dass ein kreativer Politikunterricht wichtige Ziele der politischen Bildung und Erziehung verfolgt, z.B.:
- die Fähigkeit frei zu sprechen und konzentriert zuhören zu können;
- die Kritikfähigkeit;
- die Fähigkeit zur Empathie;
- die Entfaltung von Phantasie;
- das Interesse an politischen Themen;
- die Fähigkeit zur Quellenanalyse;
- die Förderung einer demokratischen Streitkultur.

### 5. These

Wenn in der Tendenz mit wenigen Quellen, aber zugleich mit vielen kreativen und traditionellen Methoden variantenreich gearbeitet wird, steigen die Chancen, den oberflächlichen Quellenkonsum gängigen Unterrichts durch intensive Lehr- und Lernprozesse zu ersetzen, fast alle Schüler zu aktivieren und zugleich die traditionelle Dominanz der Lehrerrolle abzubauen.

### 6. These

Der Kern der pädagogischen Freiheit ist die Methodenfreiheit. Diese kann den Lehrkräften nicht genommen werden. Im Rückblick auf eine jahrzehntelange Reformdiskussion über Schule und Unterricht wage ich zu behaupten, dass das Potenzial der methodischen Freiheit bis heute nicht konsequent ausgeschöpft wird.

# 6. Ausblick

Die hier vorgestellten und exemplarisch zur Anwendung gebrachten kreativen Unterrichtsmethoden zielen auf den Mikrokosmos der politischen Bildung, das heißt die konkrete Ausgestaltung von einzelnen Unterrichtsstunden. Selbstverständlich gibt es auch kreative methodische Ansätze, die sehr zeitintensiv sind und folglich nur im Rahmen einer komplexen Unterrichtseinheit sinnvoll zu realisieren sind. Hierzu zähle ich insbesondere die Projektmethode, die Zukunftswerkstatt, das Planspiel und die Sozialstudie – diese auf den Makrokosmos zielenden Möglichkeiten einer kreativen Methodik blieben im Rahmen dieser Ausarbeitung unberücksichtigt.

Aufgegriffen wurden nur solche methodischen Varianten, die auf unzählige Themen anwendbar sind. Es gibt jedoch auch kreative Gestaltungsmöglichkeiten, die nur bei einigen Themen Sinn machen oder nur zu einzelnen Themen verfügbar sind: z.B. eine Rede zum Thema „Armut" vortragen und dabei an einem reich gedeckten Tisch sitzen; z.B. Brettspiele zu Öko-Themen usw.

Allerdings soll andererseits nicht behauptet werden, dass es für den Mikrokosmos des Politikunterrichts nur zwölf kreative Methoden gibt, die weitgehend themenunabhängig eingesetzt werden können. Die hier vorliegende Übersicht ist für Ergänzungen offen. So konnte ich an anderer Stelle mit erprobten Stundenentwürfen belegen, dass sich ebenso die Methoden Votum-Ei, Motorinspektion und Schneeballverfahren für den kreativen Politikunterricht eignen (vgl. Janssen 2005, 79 f.).

Zunächst wäre es sicher schon ein deutlicher Fortschritt, wenn die zahlreichen Varianten einer kreativen Methodik im Unterrichtsalltag eine größere Verbreitung fänden. Soweit Hochschullehrer, Fachleiter oder Erwachsenenbildner daran interessiert sind, eine kreative politische Bildung zu fördern, gebe ich abschließend den Ratschlag, über solche Methoden nicht nur Texte zu lesen und Vorträge abzufassen, sondern diese Methoden auch mit allen Teilnehmern handfest zu praktizieren. Die Aneignung der Methoden setzt voraus, dass sie sinnlich erfahren werden. Die bloße verbale Belehrung resp. Aufklärung verändert die methodischen Handlungsmuster, die in der eigenen Schulzeit erworben wurden, in der Regel nicht. Wie heißt es bei von Hentig: „Lehren ist ein gutes Mittel, wenn es genügend Erfahrung gibt." (von Hentig 1986, 78)

# 7. Literaturhinweise


Burow, Olaf-Axel u.a: Gestaltpädagogik in der Praxis. Unterrichtsbeispiele und spielerische Übungen für den Schulalltag. Salzburg 1987

George, Siegfried: Kreativität und politische Bildung. In: Methoden in der politischen Bildung – Handlungsorientierung. Hrsg. von der Bundeszentrale für politische Bildung. Bonn 1991

Gertz, Nicole: Kreativer Umgang mit Quellen im Sozialkundeunterricht. (Hausarbeit im Rahmen der Ersten Staatsprüfung für das Lehramt an Realschulen). Hannover 1998

Greving, Johannes; Paradies, Liane: Unterrichts-Einstiege. Ein Studien- und Praxisbuch. Berlin 1996

Gugel, Günter: Praxis politischer Bildungsarbeit. Methoden und Arbeitshilfen. Tübingen 1993

Hage, Klaus u.a.: Das Methoden-Repertoire von Lehrern. Eine Untersuchung zum Schulalltag der Sekundarstufe I. Opladen 1985

Hentig, Hartmut von: Kreativität. Hohe Erwartungen an einen schwachen Begriff. München 1998

Hentig, Hartmut von: Meine Pädagogik: Eine lehrbare Praxis. In: Erziehungswissenschaftliche Theorien. Hrsg. von Herbert Gudjons u.a. Hamburg 1986

Janssen, Bernd: Kreative Unterrichtsmethoden. Bausteine zur Methodenvielfalt, 2. erw. und überarb. Auflage. Braunschweig 2005

Janssen, Bernd: Konzepte zur Sachanalyse und Unterrichtsplanung. Methodenorientierte Politikdidaktik, 2. überarb. und erw. Auflage. Schwalbach/Ts. 2002

Massing, Peter: Handlungsorientierter Politikunterricht. Ausgewählte Methoden. Schwalbach/Ts. 1998

Meyer, Hilbert: Unterrichtsmethoden. 2. Praxisband. Frankfurt/M. 1987

Volpert, Sven: Blitzlicht, Standbild, Votum-Ei. Kreative Unterrichtsmethoden in den Klassen 4 bis 6. Braunschweig 2006

Wünsche, Konrad: Die Wirklichkeit des Hauptschülers. Berichte von Kindern der schweigenden Mehrheit. Köln 1972